Kein Chaos ist
auch
keine Lösung

Foto Umschlag

Katrin Stender
Bonbons über BB
Eitempera/Leinwand, 60 x 60 cm, 2020
http://www.katrin-stender.de/

Edition Annassalong
Copyright©
Anna-Katharina Hölscher
2020
info@anna-hoelscher.de

Herstellung und Verlag:
BoD- Books on Demand, Norderstedt
ISBN: 978-3-7519-0134-5

Schubladen

Schubladen finde ich prima. Ich weiß, wo etwas hingehört, packe es rein, finde alles sofort (meistens) und hab nur die einzige Arbeit, die Sachen zu verstauen, damit nix herumliegt und blöd aussieht, wenn ich mich in meiner Wohnung bewege. Super, dann bin ich glücklich und zufrieden, jawohl.

Also, Schubladen sind was Feines, finde ich.

Wäre doch schön, wenn man das auch in andere Lebensbereiche...übertragen... könnte?

Geschlechter in die Geschlechterschubladen... Herkunft... Hautfarben...

Menschen sind keine Gegenstände, sagt Katharina, mein alter Ego dann, in etwas strengem Tonfall. Gegenstände fühlen nicht und haben auch keine eigene Meinung.

Aber Ordnung ist doch was Feines,
erwidere ich.

Nee, lass mal die Schubladen weg, die
sind jetzt keine Lösung.

Keine Lösung?

Und die Alternative? Unordnung, Chaos?
Da findest du doch gar nichts wieder.

Wer wo hingehört, oder nicht, wegen der
Ordnung?

Das sind Menschen, die gehören dir
nicht.

Der Vergleich hinkt zum Himmel! Sagt
sie

Also, da fühl ich mich gar nicht, also gar
nicht, wohl!

Wohlfühlen wird sowieso überbewertet.

Ach ja?

Ich sagte, das Ordnung was Feines ist.

Katharina meinte, mit Menschen geht das
nicht, die müssten schon einverstanden
sein, mit dem Schubladendenken, wenn
es sie betrifft.

 So wie wir früher in der
Wohngemeinschaft, da haben wir die T-

Shirts in ein Fach gepackt und sie
wechselseitig angezogen, das war
verabredet und damit akzeptiert.
… Aber es gibt doch die Schubladen, z.B.
die Männer und Frauenschubladen, die
sind doch schon nützlich...für die
Ordnung...im Gemeinwesen, oder?
Katharina bleibt cool. Mann oder Frau,
wozu muss man das wissen?
Jetzt mal ganz ehrlich? Wozu?
Im Krankenhaus, oder beim Arzt. Gut.
Oder Erotik! Der äußere Eindruck, Liebe
auf den ersten Blick, na gut.
Andererseits, woher will ich wissen, vom
Äußeren, wer wen, biologisch gesehen,
liebt? Wer für mich überhaupt in Frage
kommt? Mann liebt Frau, Mann liebt
Mann, Frau liebt Frau, Mannfrau-
Fraumann?
Volkmar Sigusch. Sexualwissenschaftler.
Der sagt, es gebe so viele Geschlechter,
wie es Menschen gebe!
Da gibt es Probleme, so viele Schubladen
machen nicht wirklich Sinn, gebe ich ja zu

Beim Vorstellungsgespräch:
„ Ach so, Sie sind ja biologisch eine Frau, dann werden Sie schwanger und fallen längere Zeit aus?"
„ und Sie sind von gestern?"
Oder:
„ Nee, ich bin vom Geschlecht xyz, außerdem verpartnert und wir teilen uns die Erziehungszeit."
  Aber ich so: Ohne Schubladen...nee......
totales Chaos?

Andererseits, wenn wir schon die Schubladen haben, können wir sie ja in Augenschein nehmen. Frauenschublade z.B. Nach dem Klischee sind Frauen gefühlsbetont, sozial, körperlich schwach, eher 100% als 50% Hausfrau und Mutter, können gut kochen, putzen und waschen, haben als Hobby Handarbeit und sind in Leitungsfunktionen selten vertreten, selbst wenn sie 100% berufstätig und kinderlos sind.

Männer sind vielfältig, meistens in Vollzeit berufstätig, versorgen die Familie finanziell, sind körperlich stark, erledigen die groben Arbeiten rund ums Haus, haben vielfältige Hobbies, sind sportliche Kanonen, beherrschen sowohl politische als auch wirtschaftliche Führungspositionen, erledigen und organisieren die militärische sowohl als auch die zivile Verteidigung gegen Verbrechen. Sie sind sexuell aktiv um nicht zu sagen hyperaktiv.

„Träum weiter" sagt Katharina.

Ist ein Klischee, aber wir sind ja in der Schublade.

Und was passiert, wenn Frauen die Schublade verlassen wollen?

Ihr Leben gestalten, ihre Talente entdecken und weiter entwickeln und über sich selbst bestimmen wollen?

Katharina zitiert unsere Lieblingsautorin Chimananda Ngozi Adichie, Autorin des preisgekrönten Bestsellers: „Amerikanah": aus ihrem

Buch: „We should all be feminists"
„Wenn ein Mann selbstbewusst ist, ist eine Frau arrogant.
Wenn ein Mann kompromisslos ist, ist eine Frau kastrierend
wenn ein Mann durchsetzungsfähig ist, ist eine Frau aggressiv
wenn ein Mann strategisch ist, ist eine Frau manipulativ
wenn ein Mann eine Führungspersönlichkeit ist, ist eine Frau kontrollierend
Ein Mann hat Autorität, eine Frau ist ein Ärgernis"

Das Verhalten ist gleich, wird aber verschieden beurteilt.

Wollen wir Frauen uns jetzt alle in die Männerschublade drängeln und dafür auch noch missbilligt werden wie oben beschrieben?
Oder wollen wir raus aus aus den Schubladen und rein in die Welt der

Lösungen?
"Man muss noch Chaos in sich haben, um
einen tanzenden Stern gebären zu
können."
hat Nietzsche gesagt.
Ein Mann!
Ja und?
Wo er recht hat, hat er recht.

Spielen

Spielen hilft. Wozu?
Mozart hat gespielt, Gesellschaftsspiele,
nachmittags, vorher ist er spazieren
gegangen, und abends ins Theater, nach
dem Essen. Wann hat der denn
komponiert?
Irgend jemand hat herausgefunden, dass
jemand, der Mozarts Werke
handschriftlich kopieren würde, also
abschreiben, fein säuberlich, der würde
77 Jahre dafür brauchen, theoretisch,
aber Mozart ist nur 36 Jahre alt
geworden!!

Oder Bewegung: Hula Hoop z.B..
Das macht man ja normalerweise so
zwischen 10 und 13 Jahren. Jetzt ist es
gerade wieder in Mode. Auf you tube
Kanälen gibt es Massen von Anleitungen
und überall auf der Welt wird gehoopt.
Und wozu soll das gut sein? Ach so, jung,
in Bewegung bleiben … nicht einrosten...

Früher mit 12. hab ich manchmal tagelang Handstand geübt, in den Ferien, zusammen mit meiner Cousine. Stunden – tagelang, mit wachsender Begeisterung. Und, wenn man mit Kindern spielt, Ball, oder schaukeln oder was auch immer, sagen die oft: „Noch mal! Noch mal!" Sie zeigen überhaupt keine Ermüdungserscheinungen. Schade eigentlich, dass das später nachlässt. Könnten sie doch gut gebrauchen, bei den Hausaufgaben. Mathe Aufgabe, noch mal, noch mal! Vokabeln lernen, nochmal nochmal! Zimmer aufräumen: Nochmal! Nochmal!

Man hat herausgefunden, dass man, wenn man etwas sehr sehr gut können will, ein Instrument spielen oder eine Sportart beherrschen oder so, muss man im Schnitt 6 Jahre lang täglich 6 Stunden üben.

Bei so was wäre es doch total praktisch, wenn man einen Zaubertrank hätte, wie bei Asterix, und dann ist man plötzlich genau so begeistert wie als Kind und will immer noch mal noch mal!

Darf natürlich nicht in falsche Hände geraten, ist ja nicht auszudenken, Alkohol: Nochmal,nochmal, bis der Arzt kommt, Drogen, nochmal, nochmal .. Aber, in den richtigen Händen: alkohol- und drogenfrei, nochmal, nochmal! Wir respektieren uns gegenseitig: nochmal nochmal! Wir sind gastfreundlich gegenüber Ausländern: Nochmal!

aber zurück zum Spielen. Beim Spielen ist man/frau entspannt, freundlich, friedlich, alle Gehirnhälften sind beteiligt, die Probleme lösen sich wie von selbst...

Transgender

Geschlechter, mit oder ohne Schublade:
weiblich, männlich und neuerdings noch
andere. Marlene Dietrich hat in den
dreißiger Jahren einen Herrenanzug
angezogen und ist auf die Bühne
gegangen Sie hat Männer und Frauen
geliebt. Männersachen anzuziehen ist
heute für Frauen keine besondere Sache
mehr, muss man/frau zugeben,
umgekehrt ist das schon schwieriger.
Wenn Männer Kleider oder Röcke tragen,
im ganz normalen Alltag, also nicht beim
Fasching oder auf der Bühne usw, das
wird nicht so richtig gerne gesehen. Auf
der Bühne, z.B. im Film: Tootsie, Charly's
Tante, Some like it hot oder Mrs
Doubtfire, können Männer in
Frauenkleidern ein großer Erfolg sein,
aber eben auch ein absoluter Lacher.
Männer können nicht sagen, heute ziehe
ich mal einen Rock an oder ein Kleid,
Sommerkleid, ist auch viel bequemer,

nicht so eng, und trotzdem bin ich sexy, z.B. als Mann, so wie Marlene Dietrich als Frau. Das funktioniert in unserer Gesellschaft nicht so richtig, eigentlich gar nicht. Da kann man/frau schon auf die Idee kommen, sich operieren zu lassen. Und ist dann auch wieder festgelegt. Dann kann man nicht mehr switchen, heute Frauenkleider, morgen Männerkleider usw., wie ich gerade Lust hab.

Nicht wie Klaus Wowereit auf die Frage, ob er sich als Mann fühle: „Mal so, mal so."

Es gibt Menschen, die sagen, sie fühlen sich „im falschen Körper" . Das ist doch eigentlich ziemlich traurig. Gibt es denn einen falschen Körper außer dem, mit dem wir nun einmal zur Welt gekommen sind?

Conchita Wurst? Die den Eurovision Song Contest gewonnen hat? Mit Bart, langen Haaren und langem Kleid? Sie nimmt sich heraus, was sie will, was sie braucht, halb Mann, halb Frau, mit Bart und langer Mähne, geschminkt und im Abendkleid. Jorge Gonzales? Aus Kuba? Aus dem Fernsehen? Der Lange mit dem Kleid, oder Rock. Man nennt ihn den „fleischgewordenen Stöckelschuh". Der traut sich. Oder sind das nur Kunstfiguren? Schade eigentlich, könnten doch Vorbilder sein, für den ganz normalen Alltag! Warum nicht?

Dann gäb's auch kein „metoo" mehr. Wird das hübsche Model ins Hotelzimmer eingeladen und trägt plötzlich Bart und Männerklamotten, mit Highheels und auch die primären und sekundären Geschlechtsmerkmale sind nicht die, die sie hätten sein sollen. Schade, dass es für „normale" Menschen nicht so möglich ist. Sie müssen sich in die Geschlechter, Genderschublade operieren lassen. Ruckediku, Blut ist im Schuh.

Nicht dass ich hier falsch verstanden werde, ich kritisiere nicht, dass jemand sein Geschlecht umwandeln möchte, eher die Gesellschaft, die nur das eine oder das Andere akzeptiert.

Gestern

Wie war das eigentlich früher? Mit den
Frauen? Z. B. Während der Aufklärung?
Als der Mensch in den Mittelpunkt des
Universums rückte?
Gehörte die Frau auch zu den Menschen?
So hatte es sich eigentlich Olympe de
Gouges während der französischen
Revolution vorgestellt. Pustekuchen, das
sahen die Revolutionäre ganz anders, für
ihren Kampf um die Beteiligung an der
Macht wurde sie schlicht und einfach
guillotiniert, Kopf ab.

Da waren sich schon die Philosophen der
Aufklärung einig.
Jean Jacques Rousseau, der das neue
Menschen(Männer)bild in seinem
„Emile" propagierte, schreibt über die
weibliche „Übermacht":
„Es mag ein paar Frauen in der Welt
geben, die es verdienen, dass ein
ehrenhafter Mann ihnen zuhört, aber soll

er sich grundsätzlich bei ihnen Rat holen, und gibt es kein Mittel, ihr Geschlecht zu ehren, ohne das Unsere herab zu setzen?"

Äh, was hat das eine mit dem anderen zu tun?

Die Ehre des weiblichen Geschlechts wird gleichgesetzt mit der Herabsetzung des Mannes?

„Glauben Sie, mein Herr, daß diese Ordnung keine Nachteile hat und dass die Männer besser regiert werden, wenn man den Einfluss der Frauen mit so viel Fleiß vermehrt?"

Christoph Martin Wieland schreibt 1773: „Ganz allein die Damen sind es, von denen wir die Marque unseres Wertes erhalten, er ist hoch oder gering, je nachdem wir zur Gesellschaft für sie taugen, dem ganz Unbrauchbaren gebührt nicht einmal der Titel des Mannes."

Wow! Daumen hoch oder Daumen runter, die Frauen entscheiden, ob er ein

Mann ist oder – eine Memme?
Wieso entscheiden die Männer das nicht
selbst?
Die Frauen sehen das ganz anders:
 Charlotte von Kalb schreibt 1799
„Das Testament der Männer an ihre
Töchter lautet ungefähr so:
Ihr habt kein Recht ans Leben, keine
Liebe gibt's für euch, ihr werdet verachtet
oder genossen. Ihr müsst lieben oder
einen einzigen beglücken, aber ihr dürft
weder Verstand noch Willen haben;
keinen Wunsch, keine Freude und
Teilnahme dürft ihr bezeigen, nicht euer
Verlangen allein, auch das Unsere wird
euch in der Erinnerung als Schuld
angerechnet."
Oha.
Alles klar: Der Mann muss verachten und
sich erheben, um- zu- überleben,
die Frau darf auch überleben, aber nur im
voraus eilenden Gehorsam, im Beglücken
des Mannes.

Und das nennt man dann Zeitalter der Vernunft? „Age de raison"?

Bei Ernst Brandes „Über die Weiber" geht es weiter (Zitat Claudia Honegger, die Ordnung der Geschlechter, S. 47ff)
In endlosen Tiraden wird...über die falsche Position hergezogen, die die Frauen in der Gesellschaft einnähmen. Eine falsche Kultur habe bei ihnen den Eindruck erzeugt, Mittelpunkt der Welt zu sein. Erziehung und Männer bestärkten sie noch in der Idee ihres übertriebenen Wertes. Und schon junge Mädchen würden sich zu übermütigen Beherrscherinnen der Welt aufschwingen. Verblendet vom Pariser Ton, setzten die Männer alles daran, den jungen Frauen in der Sozietät nur „Throne für sich" und „Ketten für die Männer" zu zeigen. Ein Mann allein könne da nichts ausrichten."
Mann mann, mann!

Die Angst der Männer

Wenn es um Themen wie Feminismus, metoo, Quote geht, hören Männer schnell weg. Ist ja nicht ihr Thema, Frauenthemen. - Oder? Neulich hörte ich zweimal von Männern im Freundeskreis vehement sagen „Ich bin gegen die Quote"

Ach guck mal, wenn ich jetzt sage, ich bin gegen eine Mehrheit der Männer in „ Parlamenten, Gremien, Firmenleitungen, Kultur usw" ?

Dann sagen viele, ach so, Feministin. Frauen sollten um ihre Rechte kämpfen, schließlich bilden sie die Hälfte der Bevölkerung. Sie sind aber immer noch in der Minderheit, wenn es um Wirtschaft , Politik und Kultur geht, die Schaltzentren der Macht.

Ansonsten belegen viele Studien, dass ein Vielfaches des weiblichen Potentials in unserem Land brachliegt, dass sie als Fachkräfte fehlen, und Frauen, die nicht über einen Mann finanziell abgesichert sind, und das ein Leben lang, zunehmend verarmen.

Zurück zu „Ich bin gegen die Quote! "

Da wird argumentiert, dass die Freiheit der Betriebsleitungen usw, den Kompetentesten für eine Stelle zu bestimmen, nicht eingeschränkt werden darf.

Ok, das suggeriert , dass wir nur kompetente Männer an der Spitze unserer Gesellschaft haben.

Politiker, z.B. ? Alle super kompetent.

Weil sie ja Männer sind.

Da könnten doch einige Frauen schon mal den Kompetenz Durchschnitt erhöhen, oder?

Oder hätten die „mittelmäßig kompetenten Männer" dann Angst, dass sie von mittelmäßig kompetenten Frauen verdrängt werden könnten?

Angst könnte in jedem Fall ein Stichwort sein, denn rationale Argumente gegen die Verschwendung von Talenten scheinen nicht zu ziehen.

Norma Schmitt schreibt: „Zum Potential einer festen Geschlechterquote“:

„Der nur langsame Anstieg von Frauen in Führungspositionen stand in keinem Verhältnis zum rasanten Anstieg ihrer Bildungsabschlüsse; seit Jahren haben Frauen zu den Männern aufgeschlossen und diese zum Teil sogar überholt.“

Dazu interessant:

Eva Buchhorn schreibt im Manager Magazin:

82% der Isländerinnen arbeiten, 40% aller Führungsjobs in Politik und Wirtschaft sind an Frauen vergeben, Frauenquoten und gleiche Bezahlung sind im Gesetz verankert.

91 % der Kinder zwischen drei und sechs Jahren gehen in Ganztags Kitas (in Deutschland 46 Prozent)

Allerdings: Die Nordländer begrenzen die Dauer der Elternzeit drastisch, um Mütter gar nicht erst aus dem Arbeitsleben zu entfernen. In Finnland

sechs Monate, in Island neun, in
Schweden 16 Monate. Deutschland stellt
es Müttern frei, bis zu drei Jahre zu
Hause zu bleiben.

Immer mehr Frauen bleiben immer länger
zu Hause oder arbeiten halbtags und
verpassen damit ihre Weiterentwicklung
in der Berufswelt mit den damit
verbundenen Risiken.

Welche Rollen spielen wir Frauen in
diesem Zusammenhang?

Bevorzugen wir die Männer als Ernährer
und schneiden uns damit ins eigene
Fleisch?

Und was ist mit unseren Talenten?

Schlafen ein, werden nicht weiter
entwickelt?

Aber irgendwo muss er ja hin, ich sag
mal, der Wunsch und die Kompetenz der
Frauen an der Gestaltung der
Gesellschaft mit zu wirken, oder?

Früher, manchmal auch noch heute, war
das der Sohn. Bot sich an als Kanal für
mütterlichen Ehrgeiz, sicher auch

väterlichen.

Die Liebe der Mutter zum Sohn, dem liebsten, was ihr nach der Enttäuschung durch den, ich spitze das jetzt einmal zu, dominanten, abwesenden und an ihren Rechten desinteressierten Mann geblieben ist. Für den Sohn könnte das kompliziert werden.

So lange er die Liebe der Mutter uneingeschränkt genießen kann, sie ihn stärkt und unterstützt, ist er im siebten Himmel. Spätestens in der Pubertät aber wird es schwierig. Er soll ein Mann werden und kein „Muttersöhnchen", wie soll das gehen?

Wenn er die dominante Mutter offen bekämpft, gerät er in Gefahr, auch ihre Liebe und Unterstützung zu verlieren. Die bis dahin die Basis seiner Persönlichkeit gebildet hat.

Hält er das aus? Eher nicht. Er flieht und trachtet fortan danach, sich über die weibliche Macht zu erheben, sie sich zu unterwerfen, bei gleichzeitiger Erhaltung ihrer Liebe und natürlich auch seiner Loyalität. Eine Art Persönlichkeitsspaltung, könnte man sagen. Der Mutter ist „Mann" treu, gleichzeitig fordert es seine Identifizierung als Mann, sich die Frau zu unterwerfen. Den Bestimmer zu geben. Ja, bei diesem ganzen Schlamassel gibt es nur eine Frage, wie retten wir den Sohn vor der, in bezug auf ihre Talente, „unterforderten" Mutter?

 Indem wir sie ran lassen, natürlich! Ihre brachliegenden Talente in produktive Bahnen leiten! An das Management, an die Wirtschaft! An die Politik! Nebenbei haben die Männer dadurch etwas zu gewinnen, in punkto Selbstbestimmung, das sollten sie sich sehr gut überlegen!

Aber nochmal zurück zur Quote: Andererseits gibt es auch Frauen, die gegen die Quote sind, weil sie eine Stigmatisierung und Abwertung als „Quotenfrau" befürchten. Das mag sogar realistisch sein, relativiert sich aber meines Erachtens nach insofern, da ja vorausgesetzt wird, dass Männer ihre Posten durch Leistung bekommen und nicht durch Geschlechterstereotype.

Auf deutsch gesagt, geht es um Vorurteile hinsichtlich der Geschlechter, die bei der Bewerbung bzw Einstellung eine Rolle spielen könnten.

Wenn das stimmen würde, dass Stereotype keine Rolle spielen, z.B. im „boys' network" also „Männernetzwerk" hätten wir ja nicht so viele, Entschuldigung „Luschen" an der Spitze unserer Gesellschaft. Oder wie kommen die da hin?

Insofern könnte man umgekehrt sagen, dass Geschlechterstereotype hinsichtlich der Männer sowieso eine Quote darstellen, nur „under cover". Das nennt man dann Freiheit.

Also wäre es nur gerecht, wenn man dieser „Under cover" Quote=Geschlechterstereotype, die

Männer bevorzugt, ganz offen eine Frauenquote entgegenstellen würde. Oder?

Einen anderen Aspekt möchte ich nicht unterschlagen:

Eva Buchhorn zitiert schon 2016 eine groß angelegte Studie der Boston Consulting Group (BCG):

„Durch die geringere Beteiligung der Frauen am Erwerbsleben liegen erhebliche Innovationspotentiale brach. Vergrößert sich der Pool der Frauen in Arbeit, können diese Potentiale gehoben werden."

Die Autoren der Studie fordern Deutschland auf, endlich Tempo zu machen."

Deutschland und Tempo, das geht nur auf den Autobahnen.

Bei den Müttern möchte ich mich entschuldigen. Z.B. bei allen, die ihre Söhne in Ruhe erwachsen werden lassen ohne Ansprüche auf übertriebene männliche Ziele . Seit dem Feminismus der siebziger Jahre und den Kämpfen der Frauen um ihre Rechte hat sich der Berufsanteil der Frauen doch enorm erhöht, und man darf annehmen, dass sie infolgedessen keine Zeit hatten, ihren Sohn, ihre Söhne unter Druck zu setzen. Außerdem gibt es eine neue Aufgabe, liebe Mütter, unterstützt eure Töchter, so dass sie den Mut haben, ihre Talente zu entwickeln. Sie möchten auch gesehen werden.

Fortschritt
modern : fortschrittlich, aktuell, zeitgenössisch (Wikipedia)

Ich denke oft, die Zeiten schreiten voran
und alles wird immer fortschrittlicher.
Heißt denn fortschrittlich auch „zum
Wohle der Menschheit und der Natur
unseres Planeten?"
Wohl kaum.
Aktuell und zeitgenössisch passt da
besser, klingt erst einmal neutral.
Wie sieht denn das Ideal des Fortschritts
aus?
 Autoritäre Systeme überwunden nach
einem Jahrhundert voller Kriege?
 Strukturen überwinden? Vernunft und
Menschlichkeit regieren? Wenn man an
die Willkommenskultur denkt, an die
vielen Demonstrationen zur Rettung des
Klimas usw, ja, aber irgendwie scheint es,
dass die alten, autoritären Strukturen von
gestern genau so heftig voran
marschieren, ja, marschieren, könnte man

sagen, wie der Fortschritt der Vernunft und Menschlichkeit.

Z.B. Feminismus, ja, dazu die Frage einer jungen Frau „Warum darf ich denn nicht zu Hause bleiben und Hausfrau und Mutter sein" Ähm, als Siebziger Feministin geht mir da ja der Hut hoch, und das auch schon seit 40 Jahren. Eigentlich hätte ich erwartet, dass die Lebenspartnerschaften längst alles freundschaftlich teilen, die Hausarbeit, die Erziehungsarbeit, die Teilzeitarbeit. Und dass das auch gewollt und gewünscht wird, zumindest von den Frauen! Pustekuchen. Fehlanzeige.

Mal wollen sie, mal wollen sie was anderes. Na ja, wichtig ist ja die Freiheit, die Selbstbestimmung, oder? Ich habe die Freiheit, von gestern zu sein, klar, wieso nicht?

Na ja, lassen wir das. Fortschritt ist halt sehr relativ.

Was war zum Beispiel mit Madame de Châtelet, der Freundin Voltaires? Sie wurde mit 18 Jahren verheiratet und dann, Zitat Wikipedia:

„Die Heiraten adeliger Partner folgten damals nicht dem romantischen Modell der „Liebesehe"; die Ehe wurde als ein Vertragsverhältnis aufgefasst und die Marquise du Châtelet betrachtete ihren Teil des Vertrages als erfüllt, nachdem sie ihrem Gatten drei Kinder geboren hatte. Danach nahm sie die sexuellen und anderen Freiheiten in Anspruch, die einer hochadeligen Frau unter Einhaltung bestimmter Grenzen zugebilligt wurden. Entsprechend hatte sie mehrere kürzere Affären, unter anderem mit dem Marschall de Richelieu[2], einem Großneffen des Kardinal Richelieu, mit dem Mathematiker und Astronomen Pierre-Louis de Maupertuis und dem Mathematiker Alexis-Claude Clairaut. "
Da habe ich gestaunt. Geht aber noch weiter:

„1733 lernte sie bei einem Souper Voltaire kennen und begann ein Verhältnis mit

ihm. Als er, um sich einem Haftbefehl zu entziehen, Paris 1734 verlassen musste, bot sie ihm als Zuflucht ein halbverfallenes Schlösschen ihres Mannes in Cirey-sur-Blaise in der Champagne an.
"

Schlösschen ihres Mannes? Und der hatte nichts dagegen, dass sie mit ihrem Geliebten eines seiner Schlösser bewohnte? Na, Fortschritt, Fortschritt!! Und das in der ersten Hälfte des 18. Jahrhunderts.
Voltaire und sie hatten, neben einer 15jährigen Liebesbeziehung, eine fruchtbare Zusammenarbeit, wobei ihr unabhängiger Geist einiges dazu beitrug. Sie übersetzte aus dem Englischen: Institutions de Physique . beschäftigt sich mit physikalischen Fragen wie der Natur des Gewichtes, der Anziehungskraft. Außerdem spielt die Frage der Theodizee eine wichtige Rolle: Wie kommt das Böse in die Welt.

- Newton Principia Mathematica.

Übersetzung vom Lateinischen ins Französische. Stellt den Übergang von der Metaphysik Leibniz´ zur Physik dar, von der Spekulation zur Wissenschaft dar.

- Mandeville The Fable of the Bees . Übersetzung aus dem Englischen ins Französische. *The Fable of the Bees* enthält auch 'An Enquiry into the Origin of Moral Virtue', eine Schrift die generell verdammt wurde, jedoch als eine der besten Abhandlungen über die Moral angesehen wurde. Das Buch enthält folgenden Kommentar Emilie du Châtelets über Frauen als Menschen zweiter Klasse:

"Lassen wir den Leser darüber nachdenken, daß zu keiner Zeit in so vielen Jahrhunderten eine gute Tragödie, ein guter Roman, ein beachtenswertes Märchen, ein gutes Gemälde, ein Physikbuch jemals von einer Frau stammt, warum diese Wesen, die in der ähnlichen Weise wie Männer zu verstehen scheinen, durch unüberwindbare Hindernisse davon abgehalten werden. Lassen wir die Menschen einen Grund dafür finden, aber bis sie ihn finden, haben Frauen Grund gegen ihre Erziehung zu protestieren. Wenn ich König wäre, ich würde einen Mißbrauch abschaffen, der die Hälfte der Menschheit zurücksetzt. Ich würde Frauen an allen Menschenrechten teilhaben lassen, insbesondere an den geistigen. Es scheint als wären sie nur geboren, um zu täuschen, dieses scheint die einzig intellektuelle Übung zu sein, die ihnen erlaubt ist. Die neue Erziehung würde der gesamten Menschheit zugute kommen. Frauen würden mehr wert sein und Männer könnten sich mit ihnen messen. Ich bin überzeugt, daß sich viele Frauen aufgrund ihres Bildungsmangels ihrer Begabungen gar nicht bewußt sind oder daß sie sie verbergen wegen der Vorurteile gegenüber ihren intellektuellen Fähigkeiten. Meine eigene Erfahrung bestätigt dieses: Das Glück brachte mich mit gebildeten Menschen zusammen, die mir die Hand zur Freundschaft reichten. Da begann ich zu begreifen, daß ich ein geistiges Wesen sei."

Wenn ich König wäre, ja, war das schon aufgeklärter Absolutismus? Jedenfalls von der französischen Revolution noch Jahrzehnte entfernt. Und auch da noch wurde Olympe de Gouges, die das Wahlrecht für Frauen forderte, von den fortschrittlichen Revolutionären schlicht und einfach...guillotiniert. Einfach ärgerlich, diese Weiber, können einfach den Mund nicht halten und die Männer ihre wichtige Arbeit machen lassen. Da hilft nur „Kopf ab"

Aus ihren eigenen Schriften, der Marquise de Châtelet, ist „le discours sur le bonheur" ist „Die Rede über das Glück" am Bekanntesten, obwohl es in der Geschichte lange unterschlagen wurde.

Als Voltaire sich eine jüngere Geliebte nahm , war sie zwar betroffen, aber nahm sich dann auch einen jüngeren Geliebten, arbeitete und reiste mit Voltaire weiterhin zusammen.

Von dem jüngeren Geliebten wurde sie dann noch einmal schwanger und hört, hört, überredete ihren Ehemann dazu, das Kind als seines und damit ehelich, anzuerkennen.

Am Tag der Niederkunft arbeitete sie so lange, bis das Kind kam. Leider war die Medizin noch nicht so weit, und so starb sie nach ihrer Niederkunft, sehr zur Trauer ihrer drei Männer, die vereint an ihrem Grabe standen, Ehemann, Freund und Geliebter.

Gut, nun werden viele sagen, aber heute, heute, in den westlichen Gesellschaften zumindest,

haben Frauen doch alle Chancen, die sie wollen.

Natürlich sind wir schon weiter, 200 Jahre später, oder?

Liebe Schwestern und Brüder
~~im Herrn~~

Wie oft habe ich das in meiner Kindheit
und Jugend gehört? Hab mal
ausgerechnet, katholisch, jeden Sonntag
zur Kirche ab ca dem 3. Lebensjahr, bis
ich 18 war. Nach dem Abitur war Schluss.
Ich habe beschlossen, dass ich genug Zeit
in der Kirche verbracht hatte. 15 Jahre
lang jeden Sonntag plus Feiertage etc, das
macht so übern Daumen 700-800 mal,
hörte ich vor jeder Predigt:
 Liebe Schwestern und Brüder im Herrn!
Im Ohr hab ich aber noch liebe Brüder
und Schwestern im Herrn. Neuerdings
heißt es, glaube ich, in Jesus Christus.
Finde ich schon besser, schließlich war
Jesus alles andere als ein Macho.
Bescheiden, klug, empathisch, hat Frauen
respektiert, körperlich eher schwach,
leidend, hat auch keine Kriege angezettelt
oder dazu aufgerufen.
Dafür seine Nachfolger umso mehr. Mit

Feuer und Schwert haben sie der Welt
ihre Religion aufgezwungen, viele
Menschen mussten in ihrem Namen
sterben, als Ungläubige, man denke nur
an die Kreuzzüge, die
Bartholomäusnacht. Cuius regio, eius
religio usw, wer die Macht hat, bestimmt
die Religion.
Nein, es hätte schon mit Jesus ein neues
Männerbild geben können, bescheiden,
empathisch, mit Respekt vor Frauen,
körperlich nicht nur stark, gewaltfrei,
aber die Zeit war nicht reif. Das
Patriarchat mit dem einhergehendem
Männerbild sollte noch mindestens 2000
Jahre seine Dominanz behaupten.
Dazu sollten wir vielleicht eines
bedenken:
Es gibt so viele Perspektiven, wie es
Menschen gibt.
Die Autorin Chimananda Ngozi Adichie
spricht über „The danger of a single
story"
die Gefahr einseitiger Sichtweisen.

„Der Kopf ist rund, damit das Denken die
Richtung wechseln kann",
hat wer gesagt?"
Genau, Francis Picabia

Ich will alles

Ich will alles, singt Ariane Moffat, das
klingt ein bisschen nach Größenwahn.

„Ich will alles
Dich und die Anderen auch
In den vier Ecken meines Lebens
Die Herzen haben keinen Preis
Ich will alles, sofort und hier
Ich will alles
Das klare Bild und das Verschwommene
In den unbegrenzten Gefühlen
Ich arbeite für die Liebe ohne Rendezvous
Ich will fliegen ohne mich fangen zu
lassen

Ich werde die Leere füllen
Mit guten und schlechten Erinnerungen
Ich will die Leere füllen
Bevor meine Seele austrocknet und ich
zerplatze
Ich will alles,
die Stille und die Versprechen
Das Strenge und das

Weiche
Ich will alles
Die Anarchie und die Weisheit
Dein Lächeln und dann - deinen Arsch.

Ich werde..

Ich will alles, dich und auch die Anderen,
damit ihr meine Tage und Nächte
bevölkert
und Spuren hinterlasst
die Herzen haben keinen Preis
Ich will alles, sofort und hier."

Dich und die anderen auch. Ja!
Unbedingt!
Das klare Bild und das Verschwommene.
Die Anarchie und die Weisheit.
Auf alle Fälle klingt es nach Befreiung,
und es liegt auch das Scheitern drinnen,
ich werde die Leere füllen, mit guten und
schlechten Erinnerungen...
Nicht unbedingt nach
Geschlechterstereotype. Auch Männer

könnten das so sagen, oder?

Träume haben, sie verwirklichen wollen, sich vom Herkömmlichen, vielleicht Erziehung, befreien.

Aber alles, das ist ein bisschen schwierig.

So ungefähr mit 11, 12, dachte ich, dass mir die ganze Welt offen steht. Ich wollte fliegen, im wahrsten Sinne des Wortes, und Stewardess werden. (Schon mal nicht Pilotin!) Mein Vater dämpfte meine hoch fliegenden" Erwartungen. „Da biste nur ne Kellnerin, die sich von reichen (dicken, häßlichen, alten) Amis herumkommandieren lassen muss."

Auf dem Boden der Tatsachen gelandet und „Danke, Papa, dass du mich davor bewahrt hast, "

kehrte das Prinzip Realität in meine Träume ein.

Als ich auf höheres Lehramt studieren wollte, hieß es, „Nö. Du heiratest ja doch."

Obwohl ich zugeben muss, dass mir das nicht so viel ausmachte, Realschullehrerin zu werden.

Mir fehlte es an Ehrgeiz und ich wollte Geld verdienen. Mein Freund studierte noch und ich sollte die Ernährerin werden. Fand ich irgendwie cool. „Geld spielt in unserer Ehe keine Rolle", sagte er immer, weiß nicht, wo er das her hatte. Wir teilten, was wir hatten.

Wir heirateten und ich verdiente das Geld.

Gott sei dank gab es kein Lehrerinnenzölibat mehr.

Auf Antrag der SPD war das 1919 aufgehoben worden, vielleicht im Schwung zusammen mit der Einführung des Frauen Wahlrechtes. Aber schon 1923 wurde es (das Zölibat) aufgrund der Arbeitsmarktsituation (Lehrerarbeitslosigkeit) wieder eingeführt.

Verheiratete Lehrerinnen durften nicht mehr arbeiten, ihnen wurde der Beamtenstatus und der Anspruch auf ihr Ruhegehalt entzogen.

Unverheiratete Lehrerinnen mussten eine
Ledigensteuer bezahlen von ungefähr
10%.
Außerdem verdienten sie sowieso schon
weniger als ihre männlichen Kollegen.
Dieses Gesetz galt bis 1950. Dann konnten
sie dennoch entlassen werden, wenn ihre
wirtschaftliche Versorgung durch den
Mann gewährleistet war, den sie tunlichst
auch ein Leben lang behalten sollten,
wenn sie nicht verarmen wollten.
1951 wurde dann endlich das Zölibat
aufgehoben, auch bei
„Doppelverdienern".
Das Wort gibt es heute noch, oder?
Hoffentlich im Aussterben begriffen.
Ich hatte also Glück, durfte verheiratet
sein und als Lehrerin arbeiten.
Ich wusste gar nichts vom
Lehrerinnenzölibat, die Gnade der späten
Geburt.
Wollte ich alles? Alles, was ich wollte,
Liebe, Freiheit, Familie, Beruf, Geld,
Entwicklung meiner Wünsche und

Talente.

Hab ich das bekommen? Irgendwie schon. War nicht ganz leicht, klar!

Aber wem verdanke ich das?

Danke liebe Frauen, Suffragetten, die ihr gekämpft habt und nicht in den Genuss des Erfolgs gekommen seid, euer Leben manchmal opfern musstet, Olympe de Gouge, Emma Goldmann, Hedwig Dohm, Virginia Woolf und viele, viele andere.

Schade, dass ihr immer wieder in Vergessenheit geratet. Ihr habt es nicht verdient.

Ihr habt dafür gekämpft, dass wir heute, wenn auch noch nicht am Ziel, so weit gekommen sind.

Dass es irgendwann keine Geschlechterstereotype mehr gibt, wenn wir alles wollen und auch grandios scheitern dürfen.

Ariane Moffat, Singer Songwriter aus Quebec, geb 1979, landete 2008 einen Hit

im französisch sprechenden Raum mit
dem Titel   „Je veux tout."

Kritisch gesehen

Frisch gegoogelt: Unter Kritik versteht man die Beurteilung eines Gegenstandes oder einer Handlung anhand von Maßstäben. Wie die Philosophin Anne-Barb Hertkorn ausgeführt hat, ist Kritik damit „eine Grundfunktion der denkenden Vernunft und wird, sofern sie auf das eigene Denken angewandt wird, ein Wesensmerkmal der auf Gültigkeit Anspruch erhebenden Urteilsbildung."[1] Sie gilt im Sinne einer *Kunst der Beurteilung* als eine der wichtigsten menschlichen Fähigkeiten.[2]

Eine der wichtigsten, na klar. Was mich betrifft, ich kritisiere gern und mit Leidenschaft, jawohl. Beurteilen, das kann ich. Und stelle fest, dass andere das auch sehr gut können. „Sofern sie auf das eigene Denken angewandt wird"... hmm, das also..

Kritisieren ist eigentlich ein Teil des

Selbstbewusstseins, oder? Dachte ich immer. Kritico ergo sum so wie cogito ergo sum, ich denke, also bin ich. Ich kritisiere, also bin ich. Oder?

Philosophen wie <u>Michel Foucault</u> sehen die Aufgabe der Kritik darin, das „System der Bewertung selbst" kenntlich zu machen. Z.B. wenn eine Kritik als „Wahrheit" verkauft werden soll. Um darauf nicht herein zu fallen, bietet Foucault an, das System oder die Absicht der Bewertung selbst zu hinterfragen und sich ein eigenständiges Bild zu machen.

Aber fassen wir zusammen: Kritik kommt ursprünglich von „Selbstkritik" eigene Urteile und Handlungsmotive sind zu überprüfen" . Oder, bei anderen, das System der Bewertung genauer anzuschauen.

Oha. Da kann ich nicht mal eben über die Politik herziehen oder mich moralisch empören oder über das Buch, dass mir nicht gefällt oder der Film.

Nee, so einfach ist das nicht, wenn ich die „Kunst der Kritik" beherrschen will.

Also ich kritisiere mal ordentlich die Klimapolitik der diversen Staaten einschließlich Deutschlands und fliege munter mindestens 3 mal im Jahr irgendwohin, besitze ein Auto usw usw.

Was ist dann mein „System der Bewertung" ? Ähm Wie, Was?

Ziehe über einen Film her, der mir nicht gefällt, was ist dann mit Selbstkritik?

Mein Film? Gibt's gar nicht? Ach so?

Irgendwo lese ich den Begriff „konstruktive Kritik".

Ich atme auf. Genau! Wenn ich das Buch nicht mag, ist das doch konstruktiv. Ja, ein Verbesserungsvorschlag, klar!

So nicht, mein Lieber, sondern anders.

Jetzt weiß der Autor bescheid. Ach so, sooo nicht! Wie gut, dass ich den Tipp bekommen habe, ich wollte dieses Buch sowieso nicht schreiben, sondern ein anderes!

Ihr ahnt, worauf ich hinaus will.

„ die Kunst der Beurteilung", finde ich prima. So wie „Die Kunst des Liebens", von Erch Fromm?

Lied

1. Es ist ein Kreuz mit der Kritik
    kritisieren ist einfach schick
    du bist so blöd und ich so schlau
    pass auf, gleich ist dein Auge blau

Chorus

Meine Meinung ist genial
deine einfach nur banal
ich mal gern schwarz-weiß
egal um welchem Preis

2. Und stimmst du mir nicht zu
   dass ich recht hab und nicht du
   dann fällt mir nichts mehr ein
   und ich fange an zu schrein

Chorus

Toxisches

Von toxischer Männlichkeit ist ja in letzter
Zeit viel die Rede in den neuen Medien.
Übergriffiges, machtgieriges, dominantes
Verhalten. Autoritär und egoistisch.
Warum gibt es das immer noch, und was
ist mit den Frauen?
Warum sorgen die Frauen nicht dafür,
dass toxische Männlichkeit endlich
Geschichte wird?
Nicht alle Frauen sind ja Opfer, und eine
Menge Rechte sind auch schon errungen.
Machtverhältnisse sind zäh, besonders,
wenn sie über Jahrhunderte, wenn nicht
Jahrtausende, Bestand haben. Alle
Menschen, auch die Männer, sollten
daran interessiert sein, bestehende
destruktive Machtverhältnisse zu
verändern. In ihrem eigenen Interesse
und dem ihrer Frauen, Schwestern,
Mütter und Töchter.

Ja, liebe Männer, es tut mir leid, wenn ihr

euch negativ kritisiert fühlt. . Ich persönlich habe mich mit „meinen Männern" überwiegend freundschaftlich behandelt gefühlt, es geht nicht gegen euch, es geht um Stereotype, um gesellschaftliche Normen, nicht um Personen, und ihr mögt selbst entscheiden, ob oder inwiefern ihr diese Normen verinnerlicht habt.

Ansonsten brauchen wir euch, dringend, Frau und Mann, um gleichberechtigte und demokratische Verhältnisse zu schaffen. Es kann doch auch gut sein, dass euch das „Machogetue" anderer Männer auf den Senkel geht. Das heißt, ihr habt auch etwas zu gewinnen, wenn Stereotype langsam verschwinden.

Ich zitiere einen Mann, dessen Männlichkeit als Vorbild dienen könnte, zumindest in den von ihm dargestellten Figuren, es ist... Charly Chaplin: „Macht brauchst du nur, wenn du etwas Böses vorhast, alles Andere kannst du mit

Liebe erledigen."
Gegen jedes Gift gibt es ein Gegengift,
Charly schlägt Liebe vor. Das verscheucht
die irrationalen Ängste, die die Seele
vergiften können.
Wir Frauen sollten uns auch mal an die
eigene Nase fassen und prüfen, ob da
nicht einiges Gift zu beseitigen wäre.
Wie war das noch mit dem Gegengift?
Frag Charly, der hat's gesagt, noch dazu
ein Mann, wie peinlich!

Unterstützung

Elena Ferrante, die anonym gebliebene Bestseller Autorin der Neapolitanischen Saga, sagt in einem Interview, sie sei der Meinung, dass Frauen nicht kritisiert, sondern unterstützt werden sollten. Chimananda Ngozi Adichie, ebenfalls Bestsellerautorin aus Nigeria, ist der Meinung, dass, möglicherweise vor allem in Afrika, auch Frauen andere Frauen sehr hart kritisieren würden, besonders „powerful women" sag ich extra auf englisch, denn „mächtige Frauen" klingt für mich nicht so positiv.   Aber, so fährt sie fort, man solle daran denken, für wen das letzten Endes nützlich sei, nämlich die Männer. Zumindest die, die das Patriarchat aufrecht erhalten wollen. Getreu meiner Abneigung von Schubladendenken, das letzten Endes, finde ich, nicht wirklich weiter hilft, entscheide ich mich für die Unterstützung.

Unterstützung für alle, auch Männer, die
dem Patriarchat den Rücken zu drehen
wollen.
Alle Schubladen fliegen hoch!
Und wir ? Sind auf dem Weg, dem
tanzenden Stern hinterher.

Kein Chaos ist auch keine Lösung

Inhaltsverzeichnis